3 prairial an VII

DÉCISION

DU

CONSEIL DES PRISES.

4°F
1658

(3)

DÉCISION

DU

CONSEIL DES PRISES

SU R les précautions conservatoires du produit des prises.

A̲U NOM DE LA RÉPUBLIQUE FRANÇAISE , une et indivisible ,
LE CONSEIL a rendu la décision suivante :

Vu le mémoire présenté au Conseil par le Commissaire
général des relations commerciales de sa Majesté danoise près
la République française ;

Vu les conclusions du commissaire du gouvernement laissées
cejourd'hui sur le bureau, et dont la teneur suit :

Le *commissaire-général des relations commerciales de sa
Majesté danoise* a présenté *au Conseil des prises*, le 13
floréal présent mois , un mémoire par lequel il demande *la
mise en sûreté ou le cautionnement du produit des ventes ,
dans les contestations sur la validité des prises danoises ,
antérieures au* 4 *nivôse dernier* , sans excepter celles qui se

A 2

trouvaient *pendantes au tribunal de cassation*. Il se dit *particulièrement chargé des intérêts des négocians danois.*

J'ai pris connaissance de ce mémoire, d'après l'invitation que le Conseil m'a faite, par sa délibération du 23 floréal, *de donner mes conclusions par écrit, conformément* à l'article XIII de *l'arrêté des Consuls, du 6 germinal an VIII, contenant règlement sur la manière de statuer relativement aux prises maritimes.*

Avant de m'occuper de la demande, il m'a paru important d'examiner si le commissaire danois avait qualité pour la former.

Ce commissaire est un agent politique. Dès qu'il est reconnu par le Gouvernement français, il peut incontestablement remplir les fonctions attachées à son mandat ; mais, peut-il, par des actions ou par des demandes, intervenir dans des *contestations* particulières, mues entre des négocians français et des négocians de sa nation ?

L'article XIII de l'arrêté du 6 germinal, n'admet que les *parties* ou *leurs défenseurs qui justifieront préalablement de leurs droits et de leurs pouvoirs.*

Le commissaire danois ne se montre pas pour son intérêt propre, mais comme *chargé des intérêts* d'autrui. Il n'est point partie ; il ne prétend exercer que le ministère de défenseur. Justifie-t-il *de son droit et de son pouvoir ?*

Il est vraisemblable qu'il n'agit qu'en vertu de son titre de *commissaire-général des relations commerciales.* Il est possible qu'on l'ait autorisé, par ce titre, à donner une attention particulière aux *contestations* dans lesquelles il se dit *chargé des intérêts des négocians danois.*

Mais tout titre, que le commissaire danois ne tiendrait que

de son Gouvernement , ne saurait le rendre le véritable représentant des parties. Au Gouvernement appartient la protection ,
et aux parties seules, la propriété. Un propriétaire peut disposer de
son bien et exercer ses droits par lui-même ou par autrui. Mais,
chacun étant arbitre et régulateur de sa propre fortune, il n'est
libre à qui que ce soit d'intervenir dans les affaires d'un autre,
s'il n'en a reçu de lui le *pouvoir*. La mission générale donnée
au commissaire danois par son souverain , pour le charger
de veiller à l'intérêt des négocians de sa nation , et surtout de
ceux qui ont essuyé des prises , ne suffirait donc jamais pour
établir ce commissaire mandataire , proprement dit , de chacun
de ces négocians. Dans les principes du droit politique , la
mission du commissaire danois est essentiellement limitée aux
bons offices d'un protecteur qui recommande , et ne s'étend
pas aux actes d'un fondé de pouvoir qui régit ou qui dispose.

Je conviens qu'un droit, plus ancien et plus sacré que le
droit politique , je veux dire le droit social , autorise tout
homme à suivre les affaires d'un absent qui ne connaît pas sa
situation personnelle , et qui a besoin des secours spontanés
de cette bienveillance naturelle dont le germe n'a pu être
entièrement étouffé par nos vices , et dont le droit civil s'honore
de sanctionner les effets (1).

Il a été reconnu, dans tous les tems et chez tous les peuples
policés , qu'un homme , à l'insçu de son semblable , peut lui
faire du bien, et que s'il n'est jamais permis de faire le préjudice d'un autre , il l'est toujours de contribuer à son avan-
tage , quoiqu'il n'en ait pas donné le mandat (2).

---

(1) Digeste , liv. III , tit. 5. *De negotiis gestis*, loi I : *hoc edictum
necessarium est , quoniam magna utilitas absentium versatur , ne in-
defensi. . . . . patiantur.*

(2) *Si quis absentis negotia gesserit , licet ignorantis , tamen quid-*

Le commissaire danois, à défaut de tout mandat particulier ou spécial, pourrait peut-être se prévaloir de ces principes pour justifier les démarches qu'il fait, auprès du Conseil des prises, dans la cause ou dans les affaires de ses compatriotes absens. Qui les défendra, s'il ne les défend pas, et si par leur éloignement ou par d'autres circonstances, ils sont dans l'impossibilité de se défendre eux-mêmes ?

Cependant, comme, dans l'état de nos sociétés, il importe au maintien de l'ordre public et à la tranquillité, ainsi qu'à la sûreté des particuliers, que les actions en justice ne soient pas populaires, il est de maxime constante et universelle que l'intérêt seul est le principe de l'action, et qu'il faut être partie ou muni d'un pouvoir de la partie, pour pouvoir intervenir dans un litige. On a cru qu'il était nécessaire de prévenir les incursions dangereuses que des esprits entreprenans ou inquiets peuvent faire dans des choses qui ne les concernent pas. On a cru encore que, pour arrêter les indiscrétions d'un faux zèle, il était utile de prescrire des limites à la bienfaisance même.

Mais on a établi, près toutes les administrations et tous les tribunaux, un ministère public, connu aujourd'hui en France sous le nom de *commissaire du gouvernement*, qui est le défenseur né de tous ceux qui n'en ont point, qui est partie principale dans les affaires importantes, et partie jointe dans toutes. Cette institution admirable, qui manquait aux anciens, est une barrière contre les surprises, les dénis de justice, les violences et les abus. La partie publique agit, et tous les droits sont conservés. Elle veille, et tous les citoyens sont tranquilles. Elle exerce toutes les actions du public. Elle est la *vive voix* du faible et du pauvre.

---

quid utiliter in rem ejus impenderit. . . . . habeat eo nomine actio-nem. L. II, *ibid.*

Sufficit, si utiliter gessit. L. X.

Elle représente les absens, et, parmi nous, une de ses princi-
pales fonctions, selon le témoignage du savant et vertueux
d'Aguesseau, est de faciliter l'accès de la justice aux étrangers,
de proposer leur défense, de leur offrir un appui, et de se
rendre à leur égard le garant de la loyauté nationale.

Le commissaire danois ne doit donc point s'alarmer, si je
réclame les règles qui ne permettent qu'aux parties ou à leurs
fondés de pouvoirs d'exercer des actions et de former des demandes. L'intérêt de protection, qu'il doit à ses compatriotes,
suffit pour l'autoriser à éclairer la religion des membres du
Conseil par des notes, par des instructions, par des mémoires.
Jamais on ne doit dédaigner les moyens de connaître la vérité.
De quelque part qu'elle vienne, elle a des droits sur l'esprit et
sur le cœur des hommes.

En ma qualité de commissaire du gouvernement, je suis
particulièrement obligé de faire valoir les exceptions favorables
aux étrangers qui sont forcés de plaider en France et d'en-
courager, par l'impartialité de mon ministère, des hommes
traînés hors du lieu de leur naissance et de leurs habitudes,
des hommes auxquels il importe de persuader que rien n'est
possible de ce qui ne serait pas juste. Il n'est point de français
qui ne me désavouât si je professais d'autres principes. Notre
nation s'est toujours distinguée par ses procédés décens et
modérés envers les autres peuples. Elle a rempli l'Europe de
la gloire de ses armes; mais l'équité, la générosité sied bien à
la toute puissance.

J'ai donc pensé que si je ne pouvais regarder le commissaire
danois comme partie ou comme représentant de quelqu'une des
parties intéressées, il était toujours de mon devoir d'examiner
sa demande, et de la regarder comme un éveil donné à ma
sollicitude; je serais dans le cas, si cette demande paraissait
fondée, de la réaliser en mon nom, malgré le silence des

A 4

parties et de leurs défenseurs. Car les objets, dont la sûreté et la conservation, pendant le litige, sont réclamées par le commissaire danois, sont sous la garde du droit des gens. Or, en pareille occurence, je pourrais agir d'office, comme ayant les actions du Gouvernement, qui est le gardien naturel, dans l'état, de tout ce qui repose sous la foi publique.

Je passe donc à l'examen foncier de la demande qui a été soumise à votre décision.

Cette demande tend à faire ordonner *la mise en sûreté ou le cautionnement du produit des ventes, dans les contestations sur la validité des prises danoises, antérieures au 4 nivôse dernier.*

On ne peut nier que, pendant le litige, la chose litigieuse doit être en sûreté, et que rien ne doit être innové pendant procès. Ce principe général, dicté par le bon sens et par la raison, a été appliqué à la matière des prises, par tous les règlemens qui régissent cette matière.

On lit partout qu'en général il ne doit y avoir ni vente, ni déchargement avant le jugement de la prise ; que la vente provisoire ne peut avoir lieu que dans le cas où la prise serait dans un danger reconnu de dépérissement pour le navire ou la cargaison, et encore dans le cas où la prise serait reconnue constamment ennemie ; que le produit des ventes provisoires doit être assuré par le dépôt ou par le cautionnement.

Le commissaire danois est rassuré, par l'arrêté des Consuls, du 6 germinal, pour toutes les prises postérieures au 4 nivôse d'auparavant. Il ne réclame l'autorité du Conseil que pour les prises faites avant cette époque.

Mais ici les diverses hypothèses ne doivent pas être confondues.

Avant l'établissement du Conseil des Prises, la matière des prises suivait l'ordre hiérarchique des tribunaux. Comme dans les autres matières, on pouvait recourir au tribunal de cassation, pour faire annuler le jugement rendu par le tribunal d'appel. Tout était conduit d'après les principes ordinaires de l'ordre judiciaire.

Parmi les contestations sur les prises antérieures au 4 nivôse, il y en a qui étaient pendantes au tribunal de cassation, quand le Conseil des Prises a été institué. D'autres étaient et sont encore devant les tribunaux d'appel, ou peut-être même devant les tribunaux de première instance.

D'après le vœu de tous les règlemens, les précautions pour la *mise en sûreté* d'une prise, ne doivent cesser qu'après que la validité ou l'invalidité de cette prise a été définitivement jugée; d'où le commissaire danois conclut que, tant qu'il y a litige devant quelque tribunal que ce soit, même celui de cassation, il faut continuer les précautions conservatoires.

Mais on peut répondre que l'on regardait une prise comme définitivement jugée, quand le tribunal d'appel avait prononcé sur sa validité ou sur son invalidité. En effet, dans les principes de l'ordre judiciaire, les jugemens des tribunaux d'appel sont des jugemens définitifs et en dernier ressort, dont aucune puissance, dans l'état, ne peut empêcher ni suspendre l'exécution.

L'appel a, par lui-même, un effet dévolutif, et il a de plus un effet suspensif, toutes les fois que l'on ne se trouve dans aucun des cas où les loix autorisent l'exécution provisoire des jugemens de première instance.

Le recours en cassation n'a aucun des effets ni des caractères de l'appel. Par ce recours, il n'y a ni dévolution de la matière, ni suspension du jugement contre lequel on l'exerce.

Le tribunal à qui le recours en cassation est porté, n'est juge

A 5

que des infractions de formes, ou des contraventions formelles aux loix ; il ne peut prononcer sur le bien ou le mal jugé; il est tenu, quand il casse, de renvoyer le fond de la contestation à un autre tribunal.

Le tribunal de cassation est plutôt le gardien des loix que l'arbitre de l'intérêt des parties. C'est l'institution par laquelle le législateur surveille, maintient et protège son propre ouvrage.

Par l'événement de la cassation, une cause est agitée de nouveau. Mais le jugement, qui la terminait, était définitif; il tenait lieu de la vérité même, *res judicata pro veritate habetur.* La cassation le fait disparaître, en le déclarant nul. Mais tant qu'il existe, il est le dernier terme de la justice nationale; il peut être anéanti et non réformé. Il est aussi souverain que la loi, à moins qu'il ne soit constaté que le magistrat qui l'a rendu, cherchait à être plus puissant que la loi même.

Il est donc évident que, tant que la matière des prises a été laissée aux tribunaux ordinaires, il n'y avait plus lieu à continuer des précautions conservatoires, après le jugement d'un tribunal d'appel, vu que des précautions uniquement relatives à un état que l'on suppose provisoire, ne peuvent avoir de vie que jusqu'au jugement définitif.

Je sais que tout est changé depuis la loi qui dépouille les tribunaux de la matière des prises, et depuis l'établissement du Conseil auquel cette matière a été attribuée.

Mais quels sont les effets de ce changement ? S'étendent-ils sur le passé, ou n'ont-ils trait qu'à l'avenir ?

Les contestations qui ne sont plus pendantes devant aucun tribunal, et dans lesquelles tous les dégrés de jurisdiction et tous les genres de recours ont été épuisés, sont terminées irrévocablement.

Celles que le nouvel ordre de choses a trouvé pendantes au tribunal de cassation, pouvaient revivre ; suivant le langage des jurisconsultes, elles étaient encore dans le hasard des jugemens, *in aleâ judiciorum.* Si la nullité du jugement attaqué, était reconnue, la question du fond demeurait entière, comme si elle n'avait point été définitivement jugée, et le renvoi en était fait à d'autres juges.

Dans les contestations dont je parle, le Conseil des Prises remplace à la fois et le tribunal de cassation où elles étaient pendantes, et le tribunal auquel elles auraient été renvoyées à la suite d'une sentence ou d'un jugement de cassation. Le Conseil des prises n'a donc point une compétence limitée à des points de procédure ou de forme, et l'on voit, par les termes dans lesquels est conçu le titre de son établissement, que les questions foncières sur la validité ou invalidité des prises maritimes, sont le véritable objet de son attribution.

Il était possible, dira-t-on, que si l'ancien ordre eût été conservé, le tribunal de cassation n'eût point jugé nuls la plupart des jugemens qui lui étaient dénoncés comme tels, et, dans ce cas, les parties que ces jugemens intéressaient, n'eussent pas été exposées à de nouvelles incertitudes sur le fond de leurs différends. J'en conviens ; mais il était également possible que la cassation fût prononcée. Dans le doute, faut-il que le Conseil des Prises prononce sur des questions de forme, avant de se croire autorisé à prononcer sur les questions du fond ? Mais, se trouvant juge du fond et de la forme, il séparerait des choses que son attribution unit ; il manquerait le but principal de son établissement ; il agirait contre le bon sens et la raison qui ne permettent pas de sacrifier la justice essentielle à de simples formes de procéder, dans une matière où la loi juge nécessaire d'écarter les formes contentieuses de la procédure, pour laisser plus de latitude à l'application des principes de la justice essentielle.

Je remarquerai pourtant que, pour ne pas aggraver ou com-
promettre, sans des considérations majeures, le sort des parties
qui peuvent, jusqu'à un certain point, se prévaloir de l'autorité
de la chose jugée, il est équitable de ne pas réformer légèrement
des décisions régulières dans la forme, et intervenues en dernier ressort. Un simple mal jugé, dans des hypothèses qui peuvent laisser plus ou moins de liberté à l'opinion du magistrat,
ne serait point un motif suffisant de réformation ; car si rien
n'est purement arbitraire à la volonté du juge, il est une foule
de circonstances dans lesquelles plusieurs choses demeurent
arbitraires à sa raison. Mais nous ne sanctionnerons jamais
une décision qui renfermerait une injustice évidente, ou qui
blesserait l'intérêt d'état.

Je sais que l'injustice, même évidente, ne peut autoriser le
tribunal de cassation à annuler un jugement rendu en dernier
ressort, si elle n'est jointe à la violation formelle de quelque loi
positive. Mais cette règle est fondée sur ce que les justiciables
ordinaires du tribunal de cassation, sont des citoyens qui
vivent entr'eux, non dans l'état de nature, mais sous des lois
civiles.

Le Conseil des prises, au contraire, n'a pour justiciables que
des hommes, français ou étrangers, qui n'ont eu, entr'eux, que
des relations assises sur le droit de la guerre, c'est-à-dire, des
relations absolument régies par le droit des gens ; la cause de
ces particuliers est toujours liée plus ou moins à celle même
des nations dont ils font partie. Or, les nations vivant entr'elles
dans l'indépendance de l'état de nature, il suit que, dans la matière qui nous est attribuée, la loi naturelle conserve un empire
qu'elle obtient rarement dans les matières civiles ; car, dans
l'ordre civil, les principes du droit naturel dirigent ; mais il n'y
a que les lois positives qui commandent ; au lieu que, relativement aux choses qui appartiennent au droit des gens, la loi

naturelle est le véritable code des peuples, parce qu'elle seule est au-dessus des souverains et des peuples; de-là toute infraction manifeste de la justice, de l'équité, ou de la raison naturelle, peut déterminer la décision du Conseil.

L'intérêt d'état, blessé ou méconnu, devient encore un juste motif de réformation; cet intérêt ne saurait atteindre les objets qui sont sous l'empire de la loi civile; mais il est lui-même la loi suprême dans ceux qui sont sous l'empire immédiat de la cité.

La guerre est le droit des Etats, et non celui des particuliers; la *course* est une délégation du droit de la guerre; personne ne peut armer en course, s'il n'y est autorisé par une permission spéciale du souverain ou du Gouvernement; cette permission, que le souverain ou le gouvernement peut refuser, est, à plus forte raison, susceptible de conditions.

Un particulier, qui n'aurait pas le mandat de son souverain, et qui, forcé de se battre pour sa défense personnelle, prendrait un navire ennemi, n'en deviendrait point propriétaire; la propriété de ce navire appartiendrait à l'Etat.

Les produits de la course en faveur de l'armateur sont donc une cession du souverain. Ils pourraient être réduits à la juste et rigoureuse indemnité du négociant qui arme à ses frais et à ses risques. Tout ce qui va au-delà de cette indemnité, est un bénéfice librement abandonné par l'Etat à titre de don, de récompense ou d'encouragement.

Ce qui n'est acquis qu'à titre d'encouragement, de récompense, ou même d'indemnité, ne l'est qu'autant qu'il est reconnu qu'on s'est trouvé dans le cas de la récompense ou de l'indemnité stipulée ou promise. Conséquemment le souverain demeure toujours juge de la manière dont on a exécuté son mandat.

Il est donc évident que l'on n'a droit aux produits de la course qu'après le jugement qui prononce la validité de la prise. Jus-

ques-là, tout demeure incertain et contentieux. Il est encore
incontestable que, dans ce jugement, l'intérêt de l'armateur demeure toujours subordonné à l'intérêt national. Car la puissance publique n'a ni la volonté ni le pouvoir de se nuire.

Les produits de la course ne peuvent donc être regardés que
comme une propriété politique que l'on ne saurait assimiler aux
propriétés civiles ordinaires. C'est même parler peu exactement
que de donner le nom de *propriété* à des émolumens ou à des
produits dont la cession ne peut se réaliser qu'après due vérification des faits sur lesquels on fonde leur légitimité; vérification
dans laquelle on doit avoir égard non aux règles de cette justice
privée qui gouverne les individus, mais à cette sagesse supé-
rieure qui régit les sociétés.

Les armateurs en course connaissent les conditions inhérentes
à la nature de ce genre périlleux d'entreprise. Ils savent que la
course étant la délégation d'un droit qui n'appartient qu'à l'état,
ceux qui sollicitent ou qui acceptent cette délégation, ne peuvent
jamais faire le préjudice de l'état qui les délègue; et qu'ils doivent être jugés d'après les principes sur lesquels le bien même de
l'état repose.

Ces principes seront la base des jugemens du Conseil, même
dans les affaires que nous avons trouvé pendantes au tribunal de
cassation.

D'autre part, j'ai déjà observé qu'indépendamment de tout
texte positif, l'infraction manifeste de la loi naturelle pouvait autoriser, dans les mêmes affaires, la réformation des sentences
rendues par les tribunaux d'appel.

Il semble donc qu'il ne resterait plus qu'à conclure que, rien
n'étant fini avant que le Conseil des Prises ait prononcé, il fau-
drait soumettre tous ceux en faveur de qui la main-levée a été
ordonnée, à une nouvelle consignation ou au cautionnement; car,

avant que tout soit terminé par un jugement absolument irrévo-
cable, le gage de toutes les parties intéressées doit, d'après les
lois de la matière , demeurer en sûreté.

Une loi du 4 prairial an VI , relative à la question que j'exa-
mine, portait : qu'*aucun neutre ou soi-disant tel*, *ne pouvait,
en matière de prises maritimes, mettre à exécution aucun
jugement définitif*, et qu'*il ne lui serait accordé aucune
main-levée*, *à moins qu'il n'eût fourni au préalable bonne
et valable caution* , *dans le cas où les armateurs se seraient
pourvus en cassation*, *ou seraient encore dans le délai utile
pour se pourvoir*.

Mais on voit, par cette loi , que la mesure du cautionnement
ou du refus de toute main-levée , n'avait été prise qu'en faveur
des armateurs français , et qu'elle ne grévait que les étrangers
qui gagnaient leur cause dans les tribunaux d'appel ; les armateurs français obtenaient pleine main-levée , sans être soumis
à un cautionnement, lorsque les jugemens des tribunaux d'appel
leur étaient favorables.

Le Directoire , en provoquant la loi dont il s'agit , avait reconnu dans son message que, de droit commun , l'exécution des ju-
mens rendus par les tribunaux d'appel, ne peut être suspendue.
Mais il pensait qu'il fallait faire exception à ce principe général ,
contre les étrangers dont la disparution pouvait rendre inutile
l'action en nullité que des armateurs français pouvaient être
obligés de porter au tribunal de cassation.

Je n'ai point à examiner si ce motif était ou n'était pas rai-
sonnable. Mais je ne dois pas perdre de vue qu'en force des
loix existantes , les armateurs français obtenaient, après un
jugement du tribunal d'appel qui leur avait donné gain de cause ,
la main-levée qui, dans le même cas, était refusée aux étrangers.
Une mesure qui , dans les circonstances obligerait les armateurs
français à déposer de nouveau le produit des ventes , ou à fournir

caution, serait évidemment rétroactive; et tout effet rétroactif est réprouvé par la justice.

Mais si, par quelques considérations particulières, des armateurs français n'ont point obtenu la main-levée, quoiqu'ils aient gagné leur cause par un des jugemens que l'on regardait comme définitifs, il est équitable que cet état de choses ne soit pas changé jusqu'après le jugement du Conseil des Prises, saisi de toutes les affaires pendantes au tribunal de cassation. Car, dans ce cas, il ne s'agit pas d'inquiéter ceux qui tiennent, mais seulement de ne pas investir ceux qui ne tiennent point encore. Or, comme il est plus facile de conserver que d'acquérir, il est également plus favorable de suspendre une main-levée, que de la faire rétracter, quand elle a été consommée. Il n'y aurait pas de raison, depuis la nouvelle législation sur les prises, de faire cesser un état provisoire qui est utile à tous, qui a été continué jusqu'à ce moment, et auquel les règlemens nouveaux, à quelques exceptions près, ne fixent d'autre terme qu'une décision du Conseil établi pour remplacer, dans la matière des prises, tous les tribunaux.

On annonce des jugemens rendus par les tribunaux ordinaires, soit de première instance ou d'appel, depuis la publication de la loi qui les dépouille tous. Je n'ai pas des instructions assez précises sur l'existence de ces jugemens, et sur les circonstances dans lesquelles ils sont intervenus, pour pouvoir en faire l'objet de mes conclusions; mais je pense que de tels jugemens, s'ils existent, sont incompétens et nuls, comme rendus en fraude de la loi, et par des juges sans pouvoirs et sans caractère. Aucune main-levée n'a pu valablement être accordée à la suite de ces jugemens, et les parties sont incontestablement autorisées à faire réparer le dommage qui pourrait en résulter.

Quant aux affaires qui peuvent avoir été terminées dans les tribunaux d'appel, avant la loi qui les dépouille, on doit dis-

tinguer celles où les parties sont encore dans le délai du recours
en cassation, d'avec celles où les parties ont laissé passer ce
délai, et ont exécuté les jugemens sans se plaindre. Dans les
affaires de cette seconde espèce, tout est consommé et tout doit
l'être, puisque les parties ont accédé à l'autorité de la chose
jugée. Dans les premières, au contraire, les parties peuvent
porter au Conseil des prises, le recours qu'elles auraient pu
porter au tribunal de cassation. Ce recours ne saurait être
regardé comme une surcharge, puisqu'il était dans le vœu des
lois, sous lesquelles la contestation était née, et dans la pres-
cience des parties qui agissaient sous l'égide de ces lois. Ce
n'est point une innovation, mais l'exécution d'un droit acquis
à tous ceux qui ont été dans le cas de plaider devant les juges
ordinaires ; or, comme les jugemens rendus par les tribunaux
d'appel ne pouvaient être suspendus dans leur exécution, si la
main-levée a déjà été réalisée à la suite de ces jugemens, on
laissera les choses en l'état où elles se trouvent, sans rien inno-
ver non plus dans les causes où les jugemens en dernier ressort n'auront encore reçu aucune exécution, et où les parties
sont conséquemment assez heureuses pour voir continuer les
précautions conservatrices de leur gage.

Je ne crois pas avoir besoin de parler des contestations non
encore jugées par les tribunaux d'appel, ou dont l'instruction
est peut-être encore pendante devant les tribunaux de première
instance. Ces contestations sont portées de droit au Conseil des
prises, et il est incontestable qu'avant le jugement qui les
terminera, on ne peut délivrer à aucune des parties les effets
ou les marchandises qui sont l'objet du litige. Tout juge, tout
agent, tout administrateur qui méconnaîtrait ce qui est prescrit
par les règlemens, répondrait, en son propre et privé nom,
des dommages et intérêts auxquels il aurait donné lieu par sa
conduite.

On voit, par les détails dans lesquels je suis entré, qu'indépendamment du défaut de pouvoir ou de qualité suffisante dans la personne du commissaire danois , pour intenter des actions et former des demandes, proprement dites, dans des contestations qui lui sont individuellement étrangères , il serait impossible de faire droit à sa réclamation , et sur-tout d'y faire droit par forme de mesure générale, sans s'exposer à commettre une foule d'injustices, en confondant des hypothèses qui sont dans le cas d'être distinguées, et en assignant un sort commun à des parties qui sont dans des situations différentes.

Le commissaire danois peut recommander et instruire. Il peut, par le devoir de sa place, protéger indéfiniment les négocians de sa nation. Mais pour pouvoir agir plus particulièrement dans les contestations pendantes, il aurait besoin d'un pouvoir spécial de la partie ou des parties au nom desquelles il agirait.

Le procureur fondé de plusieurs parties, doit agir, séparément dans chaque cause, pour l'intérêt de chaque client, et ne pas cumuler, par des demandes *in globo*, des intérêts divers qui ne se ressemblent souvent pas, et qui exigent chacun un examen séparé et une prononciation distincte.

Comme chaque cause doit être instruite et jugée séparément, c'est aux parties et à leurs défenseurs, à faire, dans chaque cause, tous les actes nécessaires à l'instruction et au jugement.

J'ai pourtant cru qu'il était essentiel de rappeler les maximes qui veillent, pendant le litige, à la sûreté des effets litigieux : maximes aussi anciennes que la matière des prises, maximes vraies sous tous les régimes et dans tous les tems.

Dans ces circonstances , je conclus à ce qu'il soit dit n'y avoir lieu de prononcer sur la demande du commissaire général des relations commerciales du Danemark, sauf à lui de fournir au commissaire du Gouvernement près le Conseil, telles notes ou tels mémoires qu'il jugera utiles à l'intérêt des négocians de sa nation, et sauf aux parties ou *à leurs défenseurs qui justifieront de leurs droits et de leurs pouvoirs*, d'intenter telles actions et de former, dans les affaires les concernant, telles demandes qu'elles aviseront ; et néanmoins pour prévenir les dangers ou les abus contre lesquels on paraît vouloir être rassuré, je requiers, en mon nom (pour l'intérêt du Gouvernement et pour celui des armateurs ou négocians français et étrangers, dont les propriétés et les gages doivent être garantis par la foi publique), qu'il soit décidé que dans les contestations antérieures au 4 nivôse, et dans celles postérieures à cette époque, qui n'ont point encore été jugées définitivement, ou dont les jugemens définitifs, mais soumis au recours en cassation, n'ont point encore été exécutés, aucune vente, aucune main-levée, aucune décharge de cautionnement, ne puissent être accordées, autrement que dans les cas marqués par l'arrêté des Consuls du 6 germinal dernier, et par les règlemens auxquels cet arrêté ne déroge pas.

Délibéré à Paris, le 3 prairial an VIII.

Signé, PORTALIS.

LE CONSEIL, après en avoir délibéré, décide n'y avoir lieu de prononcer sur la demande du commissaire-général des relations commerciales du Danemarck, sauf à lui de fournir au commissaire du Gouvernement près le Conseil, telles notes ou tels mémoires qu'il jugera utiles à l'intérêt des négocians de sa nation, et sauf aux parties ou à leurs défenseurs qui justifieront de leurs droits et de leurs pouvoirs, d'intenter telles actions, et de former dans les affaires les concernant, telles demandes qu'elles aviseront, et sur les fins prises d'office par le commissaire du Gouvernement, décide que dans les contestations antérieures au 4 nivôse, et dans celles postérieures à cette époque, qui n'ont point encore été jugées définitivement, ou dont les jugemens définitifs, mais soumis au recours en cassation, n'ont point encore été exécutés, aucune vente, aucune main-levée, aucune décharge de cautionnement ne pourront être accordées autrement que dans les cas marqués par l'arrêté des Consuls, du 6 germinal dernier, et par les règlemens auxquels cet arrêté ne déroge pas.

Fait à Paris, le 3 prairial an VIII, maison de l'Oratoire, lieu des séances du Conseil. Présens les citoyens RÉDON, *président ;* NIOU, LACOSTE, MOREAU, MONTIGNY-MONPLAI-SIR, BARENNES, DUFFAULT, PARCEVAL-GRAND-MAISON et TOURNACHON, *Membres du Conseil.*

En foi de quoi la présente décision a été signée par le président.

Signé, RÉDON, *président.*

Par le Conseil,

Le Secrétaire-général,

Signé, CALMELET.

De l'Imprimerie de TESTU, Imprimeur du Conseil des Prises, rue Hautefeuille, N°. 14.

www.ingramcontent.com/pod-product-compliance
Lightning Source LLC
Chambersburg PA
CBHW060715280326
41933CB00012B/2445